만인시인선·71

황금 꽃술

전수분 시집

황금 꽃술

만인사

시인의 말

주워 온 벽돌 안에 싹튼,
적벽돌 위로 소복해진 파릇한 이끼.
내가 이기나 네가 이기나 맞짱 뜬다.

하얀 폭포수 찔레꽃 향기에 취해
나무나 꽃이 되는 시의 이름을
새로 짓고 싶었다.

유월 가창골에서

차 례

2. 밤새 부엉이 울더니

3. 흰구름 거랑 건너

차 례

5. 마재기와 콩잎김치

차 례

6. 꽃사과는 익어가고

|발문|

1

보라빛 슬픔

붓대롱

어정거리는 구름
하늘 그리려나
맑은 가난 그리는 붓대
바싹바싹 소리 끝 쪽빛
풀빛 짙은 붓대롱 흰 꼬깔모자
꼬깔모자 벗어버리는 날
봄 끝머리 쪽빛 붓꽃
모란 황금 꽃술 무너지더니
붓꽃으로 채워지네

당신 앞에서

온 천지 연두물 뿌린 설레는 봄

당신 향한 마음 나날이
강물이 불어나듯 넘쳐나이다
거리마다 흐드러지게 핀 꽃 마냥
당신이 고와
넘치는 마음 추스르지 못하리

나부끼는 빨래처럼 외로워도
박하 향기 나는
오월 푸르름 당신 무릎에 엎디어
삐삐 속같이 희고 부드러운
당신 앞에서
나풀나풀 흰나비 떼 나르면
쫑쫑 꿰매도 점점 요상해지는
이 마음 오월 획 그으며

대책 없이 해종일 서성이는 봄

아리삼삼 봄날

며칠 전 내린 비에
산 아래 개울물소리 속절없이 봄을 맞고
마음이 연두로 물이 배이는
어떨 때는 높이 높이 올릴 때도 있고
한없이 깊이 깊이 가라앉기도 한
아리삼삼 봄날

골짜기마다 소쩍새 소리
아무도 없는 묵정밭 지나
나만 알고 있는 쑥밭도 지나
한무리 새 떼 보고 되오는 그 길
목 긴 갈대는 아직도 그대로 일렁이고
갈 수 없는 먼 시간에 머문
누구나 아는 봄빛

목도장

손때 반질반질 묻은
가방 작은 주머니에 꼭 박혀있는
중학교 갈 때 한글로 판 목도장
그 목도장으로 혼인신고하고
무슨 무슨 곳에 꼭꼭 눌러 찍던
테두리가 시골 흙담 무너지듯 하고
옥도장 뿔도장 필체도 다양하지만
평생 같이 해온 내 살아온 모습 같은
부동산 매매는 아니더라도
필요한 곳에 꾹 눌러 찍던
조물락 조물락 만져보는 목도장
쓰잘데기없는 생각으로
눈부신 봄날

벚꽃

가지 꺾어 몰래 숨겨온 꽃도둑
쥐똥보다 조금은 큰 꽃망울 다닥다닥 붙은
페트병 반으로 잘라 푹 꽂아두었더니
하루종일 말 한마디 없는 적막
벚꽃이 화르르 피니
네가 피웠네 두런두런 말 걸기도 하는
며칠 머물다가 사그라질망정
빈 마음에 맑음을 맛보니
울타리 낮은 사람 잠깐 기쁨을 주는
솟아오르는 봄날에

찔레꽃

마알간 무논 가 언덕 찔레꽃
하얀 모시 조각보 위에
찔레향 번진다

구름처럼 찔레꽃 필 무렵 뻐꾹새 울다
참꽃 온 산 덮을 때 소쩍새 울다
찔레꽃 따 먹고 찔레순 먹던 아이

금간 질그릇에
화르르 찔레꽃 피었다

적막

감잎 떨어지는 것 바라본다
가을 햇볕 따사로운 축담 아래 앉아
작은 구멍 속으로 바쁘게 오가는
개미 행렬 본다
죽은 파리 한 마리 흰 먹잇감 물고 낑낑
보다못해 대가리 떼어주니
구멍 안으로 쏙 들어간다
추울까 헌 양말로 개미구멍 막다가
숨 못 쉴까 깜짝 놀라 빼낸다
감잎이 감잎 위에 떨어지고

하소서

초록 오월 더디 가게 하소서
뚝뚝 푸른 물 떨어짐을 사랑으로 맞게요
삶 가난한 언어도 내려놓게 하시고
귀 열려 세상 작은 소리 새겨듣게 하소서
지나는 바람 소리 마시고 사랑하게 하시어요
봄 여름 가을 겨울 가슴 떨림으로 맞게 하소서
일시에 사라질 조바심도 거두어 주셔요
하늘 끝에 닿는 말들 담아 듣게 하시고
마리아님 사랑 고요 안에 머물게 하소서
들킬 염려 없이 아무도 모르게 감추어 놓고
꺼내보는 재미 붙이게 하시며
오월의 장 넘기게 하옵시며
황금 꽃술 짙은 모란 향기 아찔하여도
단단히 붓 잡게 하소서

맨손으로

숨이 깔딱 넘어가는 매미 울음소리에 뜬금없이 초록이 물들고 눈부신 봄날이 생각나는지요 나풀거리는 버즘나뭇잎 같은 작은 손이었던 잠시 낙락한 시절 비춰 백금 황금 끼였던 삶의 고비 한복판 그 반지는 어디로 가버리고 입에 단내가 폴폴 나도록 여물어진 손 마디 어지간히 뜨거운 것도 덥석덥석 두꺼운 갈쿠리가 되었지요 급하면 맨손으로 바퀴벌레도 날으는 모기도 때려잡는 용감한 장군손이 되었지요

문짝

세상의 바람에 휩쓸려
예쁜 여닫이 문짝 뜯어내고
멋대가리 없는 샷시문으로 바꾸고
그만 마음의 병이 난 우록언니
큰방 대청 건넌방 여닫이문 아쉬운 것은
굴뚝 연기 나는 군불솥에 물 데우는 것이라던가
가마솥밥 호박잎 가지 찌던 일이라던가
반질반질 대청마루 기름보일러로 바꾼 것도
그 중 아까운 것 문살문이라고 한다
어느 찻집 벽이나 천장에 엉뚱하게 매달려 있을
거실 바닥에 난데없이 무거운 유리 얹어
권태와 우수 들어주며 누워 있을 문짝

초복

키우던 개 잡는 날 사랑엔 손님이 한 방 가득 숟가락이 몽땅 없어졌지요 개 못 잡게 조르다가 학교 간 작은 오빠 뒷담 밑 머위밭에 숨겼지요 오빠가 커서 장가 가고 세월 지나도 없어진 숟가락 이야기 초복 때만 되면 생쑥 모깃불 연기처럼 모락모락 피어나지요

한련화

사락사락
눈 나비 내리는 날
한련화 꽃물 번졌네요

제멋대로 날개 달아
이 화분 저 화분 씨앗 뿌려
햇살로 싹 틔우더니

찬 달빛 아래
둥근 잎사귀 사이사이
발갛게 달아오른 한련화

추운 밤 이불 삼아
신문 한 장 펼쳐 덮어주네

달빛 아래서

마지막 기름 짜듯 울어대는 매미 소리라던가
선듯 바람 불어 목 뒤로 줄줄 흐르던 땀도 그치고
추석도 다가오는 풀벌레 소리 귀 따갑게 울어대고
생각 따라 언뜻언뜻 지나가는
마당가 보릿짚 타닥타닥 타는 소리 그립고
맑아지는 하늘 또록또록한 별들
가을 바람에 씻기운 달 아래
오두마니 앉아 생각에 잠기는데
쉬 잠들기는 틀린 것 같은데
감성이라고는 눈곱만큼도 없는 그이는
춥다 문 닫으라고 하니
그만 침묵이 저울추보다 무거워진다

보랏빛 슬픔

햇볕 엷은 창호지인가
저녁 노을길인가
볏짚 한 줌 들 힘도 부친다
그네 봄 여름 가을 가고 겨울 끝자락
매운 바람 참아가는 생명줄
막차 같은 희미한 성에
그네 빈 마음
오늘도 까맣게 잊은
사그라져 가는 잿불 다독여
무서리 내린 보랏빛 슬픔

2

밤새 부엉이 울더니

감잎

오전에 멀쩡하다가 오후 두세 시만 되면 오솔오솔 추웠다 햇빛에 쪼그려 앉아 꼬시러져 잠자고 오래 앓아 얼굴이 노랬다 아버지 닭 잡아 내장 꺼내어 목에 걸어주며 뱀이라고 놀래키고 어둑한 공동묘지 이름 모를 묘 앞에 나를 세워두고 굴렁쇠 굴리듯 굴려 깜짝 놀라게 하였다 인자 됐다 그놈의 학질 뚝 떨어져버렸다고 집으로 오는 길 큰 감나무 밑에 반쯤 익은 홍시 감잎에 싸주었다

볼 수 없는 풍경

氷자 쓰인 얼음집
굴뚝청소 소리 지르는 사람
새끼줄에 연탄 한 장 들고 가는 것
지금은 볼 수 없다
들녘 소 먹이는 아이들
도롱이 두르고 물고 보는 농부
서리 내린 아침 망태 매고 개똥 줍는 노인
지금은 볼 수 없다
마당 가득히 마른 풀향기
보리짚 타닥타닥 타는 소리
사금파리로 소꿉놀이하는 아이
지금은 볼 수 없다
시린 냇가 빨래방망이 소리
초가지붕 위 하얀 박꽃
시골집 싸립문
지금은 볼 수 없다

산자락밭

밭 중간쯤 원두막이 있는
그늘이라고는 없는 땡볕 아래
개구리참외 수박 잘도 익어가는
우리집 산자락밭
학교 갔다온 작은 오빠 시키지 않아도
꼬불꼬불 언덕 계곡물 바가지로 떠와
수박 구덩이 참외 구덩이 물 주고
거물거리는 등잔불 아래 부나비들 날고 있는
밤 새우던 아버지 산자락밭
물과 바람이 흐르던 그곳
다시 가보지도 못하고

월선 언니

—월선아, 담뱃불 붙여 오너라.
할머니 방으로 간 월선이 꼬옥꼬옥 담은 긴 담뱃대
여물솥 앞에 엎푸러져 빼꿈빼꿈 불 붙이고
그러다가 꼴초가 된 월선 언니

얼굴도 모르는 새신랑과 첫날밤 보냈는데
담배 생각이 대숲 바람처럼 일렁이었다
담뱃갑에 다담다담 손이 가 한 개피 빼무는데
신랑이 말없이 불 댕겨주었다

새신랑이 헌신랑될 때까지
월선 언니 아들 딸 낳고
세월 속 마음 한 자락 이야기꺼리
담배 연기로 모락모락 피어올랐다고 한다

우짜고 아제

하는 일마다 풀리지 않고
아픈 아들 약 한 첩 못쓴 채 보내고
몸도 고랑고랑
앉으나 설 때도 우짜꼬
이리 저리 돌아누울 때도
말끝마다 우짜꼬

저녁 어스름 고샅길
풀짐 가득 지고 내려오면서
우짜꼬 우짜꼬
저 윗동네 큰 어둠 내리면
우짜꼬 아제 온다

별다방

남문시장에서 대신동 가는 큰 길가
팥빙수 사준다는 친구 따라 간 별다방
얼음 돌돌 갈아 빨간물 뿌리고
팥 미숫가루로 만든 팥빙수
멀뚱멀뚱 돌아가는 선풍기만 보며
생전 처음 남학생 앞에서 손톱만 뜯던
친구는 가고 없고

별다방은 중국집으로 간판 바꿔 달았고
아들아이와 입 까맣게 짜장 발라 먹는데
밀밭 바람처럼 쏴— 일렁이는
별다방 이야기 아직도 입 꼭 닫고
첫사랑이 뭔지 해보지 않아 억울해하는
그녀는 속절없이 늙어가고

감나무 그늘

감나무 그늘 아래서 쌈 삼는 그녀
입으로 쪼갠 가닥 사이 쪼개지 않은 가닥 넣고
앞으로 당겼다가 밀었다가
옆에 둔 소쿠리에 살풋살풋 동그랗게 담는다
미숫가루 바가지 걸쳐놓은 숟가락으로 떠
오물오물거리며 허리 펴 땀 식히고
감나무 그늘 두꺼워지면
소쿠리 식은 밥 찬물에 말아 먹고
쌈 소쿠리 봉그랗게 되고
자리 털고 작은방 군불솥에 불 때면
감나무 그늘 위로 저녁 연기 설핏 지나간다

비안댁

사과밭 큰농사 짓고
농기구 냉동창고 일도 벌여 놓은
비안댁 남편 갑자기 쓰러졌다
뇌종양으로 기억과 언어장애다
밥도 넣어주면 한쪽 볼에 밥이 모여
비안댁 손으로 후벼낸다
기저귀값 아끼려고
눌래 안 눌래 시름하고
소변통에 누일려고 밤낮 쉬쉬하고
눌래 해도 끄덕끄덕
안 눌래 해도 끄덕끄덕하다가
그만 실례해도
비안댁 용케도 잘 참는다
열두 대문 고생문이 아득하다

판돌이

어디서 흘러들어와 어떻게 사는지 아무도 모르는 아랫말 외딴 띠집 판돌이 어쩌다 띠집 앞을 지날 땐 머리끝이 까칠한 솔 같고 온몸에 소름이 돋아났다 흰 무명수건으로 얼굴 동여싸고 짚신에 지팡이 끌고 다니는 판돌이 누구 누구집 기제사와 생일 두루 다 꿰고 다닌다 아래채 여물솥 앞에 앉아 차려준 밥 달게 먹고 숭늉도 마시고 새로 돋은 익모초 삼베 보자기에 짜 찡그리며 마셨다 엄마는 판돌이 그릇과 숟가락 소반을 따로 씻어 시렁에 얹어두었다

들몰댁

딸 다섯 끝순이 밑으로 아들 귀남이
들몰댁은 질금질금 눈물 뺄 때 있다
칠순한 영감 그 해 암으로 가고부터다
내가 먼저 가고 영감 살았다면
귀남이 불효자 만들 것이고
형제간 우애 끊고
영감을 살구씨 뺑 돌리듯 돌릴 거라 한다
딸년들 저거는 아부지 안 모시면서
빼꿈빼꿈 입댈 거라고 한다
내가 아직 저거한테 무종질나 하이 이나마
내 목숨이 간당간당하면
인두로 저고리깃 돌리듯 돌릴 거라고 한다
며느리 직장 가고
들몰댁은 요모조모 손톱 여물 썰며 잘 살고 있다

태수댁과 진골댁

태산같이 몸집 큰 진골댁의 신행길에 가마꾼 네 명이 함께 갔다는 손위 동서 앞에만 서면 작아지는 태수댁 호랑이상 큰 몸집과 달리 손이 작고 쪼상인 진골댁은 아랫 사람들 고달프고 배고프게 하였다 좁쌀 구멍 파는 늙은이란 별명만 얻고 송곳 꽂을 한 뼘 땅도 지니지 못한 채 숨이 다했다 시집살이에 오르르 떨기만 하던 손아래 동서 태수댁 양볼이 봉글봉글 봄날 살구꽃처럼 피다가 그새 봄바람처럼 갔다

한실댁

이 기운이라도 있을 때 가 보고 싶은 데 가 보고 먹고 싶은 것 사 먹고 해야지 걸음도 못 걷게 되면 어느 자식이 업고 가겠나 안고 가겠나 그렇게 말만 하다가 그만 요양원 신세가 된 한실댁 있을 때는 살갑게 하지 않던 자식들 요양보호사에게는 얼마나 별나게 구는지 물만 잘 못 먹여도 난리치고 당장 해고시키겠다고 자기들이 새 빠지게 해보지 요양원을 왜 보냈는지 하고 효자 났다고들 한다 마지막에는 다 요양원 신세 지는 뻔한 사실 그때는 내 잘났다고 도래를 흔들지도 말고 목도 부드럽게 눈알도 좀 풀고 주는대로 먹고 온갖 의술 줄줄 달지 말고 지 명대로 살다 가는 것이 나라 돈 축내지 않고 애국하는 것이라 한다

생이손

시작은 그리 대수롭지 않았는데
시간 갈수록 욱신욱신 아픈 엄지 손가락
감기만 들어도 병원을 놀이터로 알고 갔건만
미련이 사람 잡는다고 일주일 지나도록
소독약 연고로 골탕 먹은 엄지 손가락
밤에는 더 아파 달싹달싹 욱신욱신 들썩들썩
요것 봐라 아이고 에이씨- 에이씨-
손가락 털며 가족모임에 갔더니
시누이가 끓는 간장에 지지면 직방이라는
그 말 철썩같이 믿고 간장에 지지고 미련대다
두 손 들고 병원 가 생이손 수술하였다
그렇게 뼈아픈 생이손에 내 똥고집이 졌다

밤새 부엉이 울더니

아버지 몸져 누우시던 그때
밤마다 부엉이 부엉부엉 울었다
안개비라도 내리는 저녁이면
가슴이 서늘해지고 무섬증이 도졌고
부엉이 며칠 울더니 아버지 돌아가시고
또록또록 밤하늘 별이 돋아나면
겁 많던 어린아이 어른이 되어도
파김치 담글 때 아버지 생각난다
늦가을 소매 올리고 잔파 다듬던 아버지
저녁 부엉이 울면 무섬증이 몰려온다

3

흰구름 거랑 건너

마당 넓은 집

봄 햇살 좋을 때 바지랑대 높이 이불 널고 막대로 탁탁 터는 것이라든가 싸리빗 자국 나도록 흙 싸악싸악 쓰는 것이라든가 그 누가 지나간 발자국 쩌벅쩌벅 걷는 발자국 짜박짜박 걷는 발자국 쪼작쪼작 걷는 발자국 거기다가 누렁이 한 마리 그 넓은 마당 여유가 모자란다 싶을 때는 뜬금없이 이런저런 생각 청기와집도 지어보는 것이라든가 꽃천지 환한 봄날에 싱겁기는 소금 사발로 먹어야겠네

그때 그러셨지요

밤 젖어 질겼던 그 시절
불빛 끝 따라 깊어만 가던
얼룩진 낮과 밤이었지요
들켜서는 아니 될
어두운 세상
쫓기면서 서슬 시퍼렇게 대들던
그들 앞에서도
별똥별 보며 그대 눈빛 서늘하였겠지요

까끌까끌 보리 패려고 하였는데
곧 알곡 쏟아져 나오려는데
중절모 삐뚜롬이 쓴 그대 앞에
어찌 감사해야 하는지
어떻게 슬퍼해야 하는지

그대 입김 감돌았던 그 골목에 살면서도
그땐 두부, 콩나물만 싸 들고 바보같이 종종걸음했지요

뽕나무 골목 많이 변하였던데요

여름 지나가는 동안에

아침마다 몸무게 잰다

안 먹는다고 하고는 다 먹고
운동한다고 하고는 안 하고
저녁 먹고 땅콩 먹고 냉수 마시고 잤다

배탈은 안 나고
몸무게 일킬로 더 올라가고
체중계 발로 찼다

살은 안 빠지고
발가락만 빠지도록 아팠다

흰구름 거랑 건너

눈발 날리는 겨울 지나고
찬란한 봄
녹색의 여름
알록달록 나뭇잎 그 삶 다 채우셨는지요

희한한 춤 구경했지요

앉은 사람 다 웃게
꼭꼭 찍은 바둑판처럼 반듯한 말이여
떨리는 손
쥘 수 없는 찻잔이여

환한 불빛 앞에
단아한 정신 불러와 어여쁜 정자 지어주던
당신의 시 세계는 펜 끝에 고이 담아 두셨겠지요

또 보자며
후이후이 자리 뜨셨지요

단말기 휴대전화 꼭 쥐고선
둥둥 소리북 흰구름 따라
둥둥 소리북
거랑 건너 가셔 버렸네요

순천만 바람길

바다 사람들은 동풍을 샛바람이라고
남풍을 마파람이라 하든가
햇갈대 싸—아 설레이고
묵은 갈대 싸-아 내몰리고

두고두고 살 듯이
뻘밭 헤집는 게들
차오르는 숨을 내뱉기라도 하듯
마음이 급한 사람 같네

저러다 모진 인간 만나면
절구통에 들어가 박살이 날 것인데
진간장에 조림 당할 것을

지금 이 바람은 하늬바람인가

소릿길

무엇이 그리 바빠 밭은 숨 내쉬며
죽을 동 살 동 앞사람 등만 보고 걷는다
빠작빠작 짭조름한 땀 눈으로 들어오고
위로는 기품이 당당하지만
담쟁이와 이끼에게 내어준 밑동
비비 틀어서 껍질 다 까지고
한치 빈틈없이 그 자리 뿌리만 밟고
천방지축 지나간다
물소리에 귀만 멍멍한데
산 속 도랑물 손 한번 담그지 못하고
나 역시 똑같이 앞만 보며
해인사 소릿길 뿌리 밟고 지나간다

작은 들창이 달린 방

차오르는 아침해라든가
두둥실 달 뜨는 저녁이라든가
겨울 고추바람 지나가는 소리
사각사각 눈 오는 소리 들리는
새벽잠 아쉬울 때 땍땍거리는 까치 소리
늦잠 자도 되는 날 평화스런 방
두두둑 허리에서 소리나면 드러눕기도 하고
잎이 반질반질한 대추나무도 보이고
매미가 시원하게 울어제치는 한낮
한숨 늘어지게 자기도 하는
안개 낀 아침 먼 산도 볼 수 있고
마음 한자락 둘만한
들창 달린 작은방

쇼파와 쪽파

아래층에서 전화가 왔다
아~ 시골서 쪽파 갖고 왔는가 생각하고
아래층으로 내려갔다

거실 쇼파를 가리키며 저기 있는데요 한다
쇼파를 쪽파로 내가 잘못 들었나
필요없는데요 그랬다

봄 환한 꽃천지일 때
쪽파전 부칠 때면
어린 감나무 새잎처럼
쇼파 사연이 돋아난다

한눈에 담아

산 아랫길 잡풀과 갈대 키를 재려하고
돌멩이 뒤집어 도글도글 다슬기 잡는 이들
재두루미 한 마리 날아 그 자리에 앉고
흰두루미는 아들 딸 그 수를 모르겠고
추운 겨울에도 남쪽으로 가지 않고
터를 잡았는 것 같다
쑥밭 아득히 핀 개망초꽃
달맞이꽃 노란 물감 풀고
텃밭 호박잎 사이 호박이 빼꼼히
흰색 보라색 도라지꽃
지난해 떨어진 들깨씨가 자욱하고
도라지밭 아래는 묵정밭 되었다
묵정밭 아지매 투병 중이라고
호박밭 주인은 개망초꽃 한 다발 들고
내가 이제야 여자가 되었다고 한다

고향 나들이

김 세 장 팬에 살짝 구워
도마 위에 펴 잔멸치, 파, 계란 넣고
돌돌 말아 썬 김밥 사과 커피 준비하고
친정 질녀와 오십 년만에 고향 나들이 나서는데
들국화 마른 풀섶 밟고
아랫마을 윗마을 서원 모두가 잠겨 있어
한참 헤맨 고샅길 지나 옛집은 간 곳 없고
그렇게 넓은 집터가 작아 보이고
돌감나무 옆 소복이 돌 쌓아 메운 샘터만 눈에 익다
큰 양옥집 어리어리하고 이것이 아닌데 아닌데
속으로 느끼며 허전함 뒤로 한 채
고향집 나들이는 끝났다

지가 봄인 줄 아나

쓰레기 하차장
직사각형 봉선화 화분에
빨간색 흰색 꽃 피우더니
어느덧 꽃진 자리 씨앗 매달려
톡톡 저절로 터져 새 봉선화 모종되었다

손가락 두 마디쯤 자라
추위에 오돌오돌 떨고 있다
지가 봄인 줄 아나
첫눈 내릴 텐데

4

새 빠지게 왔던 길

봄이 오면

텃밭에 씨앗 뿌리고 싶은 삼월
기분좋게 두 가족 봄마중 갔지요
길 옆 사과 흥정하고 사과 상자 차에 실었지요
하 고놈의 사과 흥정에 그만 정신이 팔렸지요
그때야 아기 없어졌다고 우리아기 우리아기
그러자 사과장수는
아지매 아 등에 업고 아 찾네요
아기 엄마 얼굴도 못 들고 차에 올라 탔지요
아빠는 오래오래 아기 엄마 놀렸다지요
해마다 봄 오면
아지매 등에 아 업고 아 찾네요

산골짜기의 울부짖음

흙먼지 날리면서 트럭 몇 대씩
흰 수건으로 눈 가리고 손 뒤로 묶인 채 태우고
다음날도 수북이 싣고 동네 앞 지나가고
싸래기눈만큼 말 잘못해도 광산골로 끌려갔다

갈대풀 쓰러지듯 그들은 쓰러졌으리라
절규가 산천 피로 물들이고
하늘 떨리도록 총소리가 났고

흐르르 한숨 내시게 하듯
맵싸한 저녁연기 나는
잊지 못하리라

그날 낯설은 산골눈물의 보화 뿌려졌으리라
그들은 슬퍼우시리라

우수 지난 저녁해 저물었다

고 3

엄마보다 키 큰 고 3
세면대 앞에서 꾸벅꾸벅 졸고 있다
뽀득뽀득 얼굴 씻어주는 엄마
식탁에 앉아 밥 떠먹여주고 과일 쥬스도 먹이고
학생증 목에 걸어 등교시킨다

배고파하면 햄버거 사 먹어라
먹기 싫어 하면 그럼 김밥 사 먹어라
또 그럼 어떻게 해 하면 굶을래 한다
엄마와 딸 봄날은 어디로
책갈피에 숨겨둔 국화향은 어디로
나이보다 새치가 많은 엄마
그 놈의 고 3

첫눈 노트

언니한테 기상 전화 왔다

야야!
오늘 종일 눈 온단다
아무 데도 가지 말고 있으란다

첫눈은 짧게 온다는데
높고 높은 하늘 서럽다며
백발 같은 눈 하염없이 내린다
내리는 눈발은 희고 깨끗해
둘레길 뱅뱅 돌고 들어와
창문을 열었다

점심 먹고 열어보고
귤 먹고 열어보고
차 마시다 열어보는
마냥 열어놓은 채 눈 맞추고 싶은
첫눈이다

멋 모르는 개도 좋다고 나뒹굴고
향나무 가지마다 하얀 눈꽃으로 피어나고
남모르게 감추어놓은 얄궂은 생각도 나고
깨끗한 백지 인생되는 일도
상상하는

금자

검정 화분에 세 뼘쯤 자란 금자잎
쌀알만하더니 일 원짜리 동전만하다
잘 크다가 밀가루 같은 뜨물에
온 화분이 뽀얗게 되었다
궁리 끝에 물에 식초 타 뿌려주어도 신통찮았다
이판사판 가위를 들었고 몽탕몽탕 가지들 잘라버렸다
화분에 물주면서 그래도 민둥 가지에도 물주었더니
손가락 두 개로 작은 하트 만들 듯이
뾰족뾰족 하트잎이 나오고
조급한 마음으로 가위든 일 후회했건만
금자 보는 것이
동지섣달 꽃 본 듯하다

욕 친구

수화기만 들면 줄줄이 욕이 나온다 가랑개미 연놈도 안 오고 심보가 어쩌고 저쩌고 달구새끼 같이 까래비고 꽁새끼 같이 다 빠져나가고 뭐 위에 뭐를 차고 갈라카마 헛낀데 이를 어쩌나 이제 내 간다 하고 갈 곳은 그 곳 뿐인데 갯놈의 새끼 하늘 바람 비 잘 오고 양반 입에 욕 잘 나온다 여름 모시옷 빳빳하게 푸세해 꼿꼿한 자세로 태극부채 팔랑팔랑 부치고 썬글라스까지 아무도 욕하는 입 모르고 고고한 늙은이로 보인다 욕하는 것 니만 알고 있어래이 내 팔랑입 이렇게 쏟아붓는다

혼비백산

518번 버스
창 밖 가로수에 무심히 꽂혀 있는 시선들
휴대폰으로 고정시킨 승객
아예 눈 감고 있는 사람
중간쯤 앉은 아주머니 어디쯤에 탔는지
물김치통 놓고 생각없이 있다가
갑자기 팡 뚜껑이 터졌다
사방으로 흩어진 김치 난장판이었다
승객들 우짜노 우짜노 하고
아주머니 혼비백산 정류장에 내렸다
기사 아저씨 밀대로 닦으면서
연신 툴툴거렸고

꽃향기 그윽한 봄날
난데없이 시큼한 김치냄새
가실 줄 모르고

수성못 버즘나무

운전사 시야 때문에
아름드리 버즘나무 벤다고
하늘로 뻗은 가지 낙엽
우글우글 도로며 인도 몰려 다니고
찐빵 노점상 햇볕 가려주고
대구은행 자전거 보관도 해주고
베기만 해 봐라 내가 대구 시장 찾아갈 꺼다
수성못 초입 세 그루만 베고 나머지는 살려두었다
베기로 한지 2년이 지난 지금
태산 같은 푸른 예비군 사열 속으로
449번 버스 달리고 있다

고마운 것들

세월은 손톱만큼도 에누리가 없는 것이라던가
이천십육년 일월이 다 빠져나가고 이월이 살금살금 턱밑에 오는
겨울밤 높고 차가운 달 쳐다보는 것도
내 발로 걸어다니고 시원찮은 이라도 씹어 먹을 수 있는 것도
등 붙이고 두 다리 뻗을 수 있는 따뜻한 공간도
부모 주머니에 돈 없으면 자식들도 달아난다 하지만
그저 자식은 울이 되지만 큰 도움은 되지 않는 것이라던가
동행이 가물가물하다가도 다시 밥 먹고 그 덩치 살아있는 것도
간소한 대화 나눌 수 있는 것도
내 남은 세월의 잔고 앞에 깜짝 놀라 정신 번쩍 드는 것도
오만 것이 다 고맙고 고맙다

동행

틀림없이 털어넣고 물 마셨는데 입에 약이 없다 식탁 밑에 약이 떨어져 있고 어저께는 발 밑에 그저께는 베개 밑에 커피통을 약통으로 챙기고 세어보고 내 밥 먹고 약 먹더냐 묻고 하루 종일 약하고 논다 그냥 어정어정거리고 조금 전에 물었던 말 또 물어보고 안 해도 될 말 또 한다 이미 먼 시간 속에 잃어버린 말도 하고 딸네집 데리고 가면 신경 쓰이고 집에 두고 볼일 보러 다니면 걱정이고 밥 누렁지에 삼시 세끼 밥 차리고 왼쪽으로 오른쪽으로 가자미눈 되어도 스쳐가는 동행 봄바람에 맡겨본다

하— 잠이 안 오고

집에서는 다 아기가 되는가 보다
어떻게 하다가 손가락 다쳐
쇠철사 박아 깁스한 예순 다 된 아들이
아흔이 다 된 아버지 앞에
여기 이만큼 긴 철사 박고 어쩌고 저쩌고 아뢰고
열 권도 넘는 전문 서적 펴내고
학생들 앞에서 강의는 똑 부러지게 하는데
집에만 오면 호 해달라고 아기가 된다
아흔 다 된 시아버지는
하— 잠이 오지 않고
하— 소화가 하– 입맛이
하— 화장실 못 가서 어리광
늙으나 젊으나 집에서는 다 아기
그 집 아내 가슴이 터지겠네

새 빠지게 왔던 길

변덕스러운 가을 하루종일 비 오락가락 스산스럽고 전화한 위치 헤매 칠포리 인휴횟집 도착했다 여름 뜨거웠던 모래 을씨년스런 바람 불어 타간 커피 숭늉 마시듯 홀라당 마시고 새 빠지게 왔던 길 꾸역꾸역 둥지 찾아가는 길 옆 물든 은행잎 그리움에 지친 구절초 앞으로 열 번 보게 될까 아니 열네 번 소주 한 잔에 어질어질한데 쓰잘데기없는 생각하고 새 빠지게 왔던 길 되돌아왔다

찔레꽃 다 졌다

찔레꽃 필 때는 사촌집에도 가지 말라고 했던가
뻐꾹새 자지러지게 울 때는 가뭄이 든다고 했던가

구름 같이 찔레꽃 필 때는 여름 중반이 온다고
아련한 서글픔이 드는 찔레 코 끝에 대어도 보고
쌉싸름한 찔레순 벗겨 먹어도 보고
별처럼 슬프다는 찔레꽃
폴짝폴짝 뛰다시피 부르는 장사익 노래 들어도 보고

찔레꽃 해마다 피는 곳
뱀이라도 나올까
며칠 별러 가위로 햇 갈대 베어낸 후
한 주먹 성모상 앞에 꽂아도 보고
소나기 싱겁게 그치고 나니
자북자북 핀 찔레꽃 다 졌다

5

마재기와 콩잎김치

고봉밥

켜켜이 쌀가루 허기진 눈 적시는
자잘한 꽃술 모듬이 고봉밥 그릇
마음은 연둣물 어제 같은데
봄 탄다 밥맛 없다하네
꼬리봄 여름머리 이팝꽃 피고
솔꽃 날리는 이런 고운 날
골짜기마다 뻐꾸기 소리
곧 여름이라니
찹쌀밥 고실고실 이팝나무 아랫길

입맛

옛날 못살아 외국수 말아 먹을 때
멸치 대가리만 끓인 뒤
굵은 소금 한 줌에 미원 조금이면
그 맛 목구멍 도리깨질하듯 넘어갔다고
콩나물 끓일 때도
멸치 조금 넣고 다 됐다 싶을 때
송송 썬 파 고춧가루도 획 뿌리고
소금간한다고
안동댁 구수한 연설 길어지고
오만 가지 양념해도 그 맛 나지 않는다고
아들이 사다 준 아로나민골드 먹는다고
가슴 한 쪽이 비어있는 나이가 되니
짭조름한 옛날 음식이 땡길 때가 있다고

착착착

남편은 떡국도 잔치국수도 좋아한다
말끝마다 가위로 김 착착착 썰라한다
지단도 노른자 흰자 따로 착착착 썰라한다
김치도 착착착
그녀가 떡국 착착착 할까 물으면
착착착하라고 벙긋이 웃는다
잔치국수 해 먹자하면 알았어요 착착착 할게요
함박눈 내릴 때 착착착 썬 김가루에
햇떡국 먹는다고

깨 털러 가더니

아제 아짐은 어딜 갔을꼬
깨 털러 가더니 올 생각을 않네

깨단 거꾸로 들고 막대로 탈탈 털면서
아짐 깨 털러 하늘로 가고
아제는 저녁 연기만 바라보네

남새밭에 핀 부추꽃
텃밭 배추잎에 내린 하얀 첫서리
흰구름처럼 아슴한 가을내음

아득한 개울물소리 도돌도돌
어차피 이 모든 것 헤어지고 마는 것을
아짐은 깨 털러 가고

새참

쌀이 어느 정도 퍼졌다 싶을 때
뚝뚝 밀수제비 떼넣고
납작납작 애호박 썰어넣고 부추 넣고 끓인 죽
주전자 그 위에 놋대접 얹고 뚜껑 덮고
숟가락 두 개를 주전자 구멍에 꽂아
내 손에 들려준 새참
돌자갈밭 지나고 봇도랑 지나
딸그락 째그락 숟가락 소리
잘 발라놓은 논둑길 올라서면
쨍쨍한 햇살 아래
아버지가 남겨준 수제비 쌀죽
그때 그 죽맛 보고 싶다

화해

부추 넣고 끓인 파란 고딧국
금방한 따끈한 밥도 적게 뜨라고 한다
다 먹으면서 그 놈의 적게 소리
확 두 국자 떠내고
밥도 두 주걱 떠내고
말없이 밥 먹고 커피도 안 마시고
쌩 방으로 들어왔다

여닫이 문 빼꼼 열고
—안나야 커피 물래?

삼시 세끼

저녁밥 뭐하고 먹나 하면 아무거나 먹지 하고 아무거나 먹도 안 하면서 잡곡 섞지 마라 하고 축축하게 하라고 하고 안 맞다 안 맞어 밥 한 가지도 이리 맞지 않으니 세끼 어려우니 입에 밥 넣기가 그리 쉬운가 모래밭 무 뽑듯이 쑥 뽑으면 되는 줄 알고 아나 여기 있다 내가 못 움직일 정도 아프면 밥 못 얻어먹어 목에 거미줄 날 줄씨줄쳤을 거다 밥밥 카다가 숨 멎는 것 아닌가 가시 박힌 손가락 나의 삼식이 그런다고 갚아지지 않는 세끼 밥상 머리에서 가슴까지 먼 여행이란 말도 닦아보자

밀가루에 대하여

밀농사 지어 가루로 만들려면
소달구지 십리 길 가야 물레방앗간이 있다
들길 지나 봇도랑도 지나 타박타박 걸어야 하고
물이 홈을 따라 흘러 쿵덕쿵덕 찧어진다
제일 먼저는 뽀얀 가루가 되고
그 다음은 불그스레한 가루
그 다음은 밀기울인 껍질에 가루가 조금 섞여 있다
해거름에 소달구지 집에 도착하면
엄마는 뽀얀 가루로 대접만한 덩어리 두 개 만들었다
홍두깨로 밀고 풀고 말아 둥근 밥상만하게 만들어
착착 개켜서 또박또박 썰며 탈탈 털어
끓는 물에 넣고 담 위에 얹힌 호박도 썰어 넣고
바가지로 퍼담아 마당 멍석가에 놓고
식구들 그릇 가득 채웠다

국수 꼬랑지는 별미였고
뽀얀 가루 국수는 손님 올 때만 대접하고
식구들만 있을 때는 불그스레한 가루로 해 먹는다

남은 밀기울은 팥이나 콩을 넣고
가마솥에 삼베 보자기 깔고 쪄먹으면
고급 빵보다 만 배는 더 맛 있었다

꿀밤 이야기

차단지 같은 찹쌀댁 해마다 꿀밤묵해 판다 꿀밤 못 줍게 아들이 으름장 놓아도 바지런함 못 버린다 어디든 잘 눕는 옆집 눕실댁은 같은 양으로 묵을 해도 그 양이 적게 나온다 눕실댁 묵 끓이는 것 어쩌나 보려고 애를 써도 오밤중에 몰래 묵 끓인다 떫은 물 수돗가에 버리면 지렁이가 빨갛게 올라온다고 한다 한 종지씩 먹고 속병 고쳤다고 올해도 몇 십만원 번다고 찹쌀댁 영감 꿀밤 주우러 온산 헤매고 다닌다자루 씻어놓고 다시는 안 줍는다고 하고는

*

오늘도 어둑어둑할 때 나와서 한 됫박 주웠다고
찹쌀댁은 꿀밤이 아른거린다고
눈앞에 보이는데 어쩌노 한다

떫은 물 뺀 전분 숟가락으로 똑똑 떠내
봉지봉지 냉동했다가 일년 내내 묵 끓인다
아침마다 묵 강의 들으며 목침만한 묵 사 먹는다

마재기와 콩잎김치

겨울에서 봄 들어 구입한 마재기 무우생채와 마재기 젓갈에 묻혀 된장 끓여 밥 비비며 먹는 정월달 입이 더 없는 호사이지요

또 여름 메주콩잎 필 무렵 콩잎 똑똑 따 통에 담은 물김치 손가락 사이 된장국물 줄줄 흘리면서 쌈 싸먹지요 둘이 먹다 한 사람 밥순가락 이별해도 모르지요 삽화처럼 콩잎 따는 손길이 지나가지요

사분의 일

눈 내리는 저녁 배추 사분의 일 쪽으로 된장 풀어 국 끓이고 비 내리는 어스름에 사분의 일로 배추겉절이해 먹고 먹구름이 끼이고 입이 궁금할 때 배추전으로 마음 달래고 그래도 사분의 일 조각 까만 비닐봉지 묶힌 채로 정월 지나고 새순이 나고 꽃대가 올라와 노란 배추꽃 피었다

세 쪽 베어주고 한 쪽으로
넉넉할 수 있는 사분의 일 배추조각이
마음의 북을 두드린다

6

꽃사과는 익어가고

이슬비

병원 가는 날 창문 열고 내다봐도 내 눈에는 비가 안 보였다 우산 없이 내려와 보니 이슬비 내렸다 3층까지 낑낑 다시 올라와 우산 챙겨 버스 타러 가는데 내리던 이슬비 멎어 집까지 도로 돌아가긴 멀었다 그냥 버스 타고 가는데 햇빛 쨍 나고 우산 거추장스러워 짜증 나고 옷은 젖어 눅진하고 아 콩꽃 피고 깨꽃 반기는 이슬비 내리는 들길 아 그 들길 걸을 상상하며 병원 간다

마지막 여행지

미농지로 만든 조화 같은 얼굴
빛 새어 들어오는 창 쪽으로
오그라져 내리는 몸
기다리는 마음 이력이 나고
끊임없이 들쑤시는 이 연민
가슴 갈피에 끼워 두었다

내 속에 묻었든 피붙이들
세월 지나 뒤돌아보는 허망함
소박한 여행자
환자복

죽음은 길 떠날 때 오는 것일 뿐
굳이 상상의 문턱 넘지 않으려고 애써도
가진 것 모두 놓고 떠나는 여행자
벚꽃 촉수 군데군데 돋아나더니
꽃잎 떨어진 꽃자리 받침 사이로
바람이 지나간다

시들은 들녘

아지랑이 가득 밀려옴을 느낄 수 있었던
늦은 봄 보드라운 들 냄새
사랑을 되돌리는 깊은 감상의 늪으로 빨려드는

어디에
여기 자욱한 아니 푹신한 침대에
내 머리를 누이려 보리

또 계절이 쳇바퀴 따라
윙윙거리는 밤바람 회색 벽에 머무르면
날은 일찍 어두워질 거고
얼음같이 싸늘한 바람 시들은 들녘에 내려앉겠고

나뭇가지 거미줄 바람에 흩날려 버렸네

사진

어머니는 광목천에 검정물 들여
재봉틀 있는 윗 동리 먼 친척집에 가
올케 언니는 저물도록 흰줄 박아
세라복 만들어 주었다
겨울 내의도 변변찮아 솜저고리 입고
그 위에 불룩하게 세라복에 몽당치마
친정 큰 질녀가 집 정리하다가
작은 고모 사진 몇 장 나왔다고
한 손은 복숭아꽃 가지 만지며 찍은
어떤 기회에 누구누구가 보고 있을 때
눈 끔쩍끔쩍하며 찍었는지
당최 생각이 안 나는
단발머리 세라복 흑백 사진

처서

햇살 속 만발한 여름 한철
애달픈 진분홍색 분꽃 약속한 듯 피는 저녁
댓잎같이 날 새워 기름 짜듯
꺾인 허리 숨 깔딱 넘어가겠네

모진 햇빛 살금살금 엷어지고
매미 결 떨려 찌리리 찌리리
잠결에 걷어찬 홑이불 당기게 되고

어머니 모시옷 도르르 말려 가네요

집

작은 무궁화 묘목 심은 지 삼년
보라꽃 피었다
한 잎 두 잎 잎 말려 벌레집 생기더니
꽃보다 벌레 나무가 되었다
밑둥까지 싹 벤 나무 돌계단에 버리고
벌레들 아직 자기 집 베어진 줄도 모르고

내년 봄까지 돌돌 말린 집 속에 겨울날 것들
숲바람 찬바람 잎 하나로 지은 이파리집

수탉 울음소리

큰오빠 외국 발령받아 집안 경사였지요 횃대 오른 수탉 낚아채 고아 먹이겠다고 달려간 것이 한발 늦어 바로 공항으로 나갔지요 전송 나온 친인척 틈에 낀 수탉도 서운했는지 "꼬끼오" 수탉 울음소리가 공항 대합실 크게 울려 퍼지고 사람들 웃음소리는 점점 뜨거워졌지요

말빚

그녀 뒷모습이 아른거린다
이 봄 가기 전 병실을 찾겠노라 한 말빚

신은 그녀 외면하지 않을 거라고
한 줄기 희망이 비치는
말빚 늘어놓고 왔다

그 날이 그 날인 그녀
먼 곳 가기 전
좋아하는 부추전 명란젓 들고
가끔 왔던 그녀의 침대 옆

오늘도 말빚 말벗 갚기 위해
그녀의 좁아진 어깨 쓸어주려 왔다

우록 언니

우록 언니는 밉상스레
내 죽었는지 두 시간 후 전화해 봐라
마 죽어도 좋겠는데 왜 안 가노
반찬은 절대로 해 먹지 않고
내일 아침 해 뜨면 무엇무엇 한다고
손에 일을 놓은지 이미 오래이다
택배로 서울딸이 보낸 반찬 다 먹고 나면
맨 간장에 밥 비벼 먹고는
감기약 먹어라 하면 빈속에 우째 먹노
밥 먹어라 하면 밥만 먹으면 뭐하노 하고
죽고 싶다는 말 말짱 거짓말이다
여든여섯 밉상스런 우리 언니
전화 오면 겁난다

달희의 눈물

아버지 언제 갈라 카노
하느님 기다리신다
목사님도 세 번이나 왔다 갔다

달희는 오늘도 아버지 약바라지에
동생들 챙기고 밥도 먹는지 마는지 하고
엄마는 동트기 전 시장 끄트머리
푸성귀와 깐 마늘 좌판을 벌인다
어릴 때 사탕 하나 사준 적 없다고
평생 월급봉투 갖다 준 적 없는
사흘 일하고 열흘 술에 쩔어 산 아버지
짱짱한 초가을 햇살 머리 위에 내리는데
언제 갈라 카노 아버지 귓가에 묻어나는 말
먼산 바래기로 쳐다보는 달희
눈물이 싸하니 돈다

등본 떼놓았는데

요양병원 입원한지 삼 년이 되어가고
죽물도 못 넘기고 팔천원하는 청심환
하루에 두 병씩 먹었는데
곧 죽는다고 등본 떼놓은 외아들
모든 준비해 놓았는데
뽀시락 뽀시락 되살아나
삶은 돼지고기 묵은지 먹는다고
백세까지는 까딱없을 것 같다
아들이 준비한 등본은
언제쯤 다시 떼야 될 것 같다

가래톳

삐삐꽃 피고 찔레꽃 피는 언덕 훨훨 날아
아프지 않은 좋은 나라 가라고 알아들었는지
두 눈에 눈물 주르르 흐르고
얼음장은 그대로 산소마스크로 버티고
팔 손등 발 어디 성한 데 없고
그만 끈을 놓고 보내야 하는
피곤이 늪으로 몰려올 때는 모로 누워
모르겠다 갈라면 가고 말라면 마라 중얼거렸는데
없어봐야 그 사람이 얼마나 중한지
그만 울컥 가래톳이 돋고
유월 십구일 영시 굴곡진 한 생이
필름처럼 지나간다

꽃사과는 익어가고

추석 성묘 갔다 오는 길
혼자 사는 시숙모 혼수상태이고
119는 불러놓고 장독대 옆 꽃사과는 탐이 나고
세 동서 비닐 봉지 하나씩 따담고
사람은 숨이 넘어가는데
숙모의 봄날일 때는 택도 없는 일이다
짧은 가을해 지려 하는 이맘 때
사과술은 입에 짝짝 드러붙었다

|발문|

수분 고모

전 경 옥

前 매일신문 논설위원, 수필가

대개 시집 뒷부분에는 평론가들의 해설이 실린다. 하지만 나는 전수분 시인의 이번 시집 『황금 꽃술』에 관해 해설을 쓰려는게 아니다. 그럴 능력이 안된다. 대신 전시인에 관한 자잘구레한 이야기를 들려드리고자 한다. 시를 읽을 때 작으나마 도움이 될 수 있지않을까 싶어서다.

전수분 시인은 나의 작은고모이다. 할머니가 마흔두 살 때 낳은 늦둥이다. 조부모님은 혼인 후 오랫동안 자녀가 없었다. 유교적 가치관이 뿌리깊던 그 시절에 무자식은 큰 흠이었다. 시어머니가 안 계신 집안에서 할머니는 손위 동서로부터 설운 소리도 들었다. 두 양주는 친척들로부터 "양자 들이라"는 채근도 여러 번 들었다. 할머니는 늘 쓰디쓴 육모초(익모초)를 짜마셨다. 삼신할미가 가엾게 여긴걸까, 혼인 10여 년만에 기적처럼 첫아들을 낳고는 그때부터 내리 셋을 더 낳으셨다. 조부모님은 자식들 키우며 험한 말 한마디 내뱉은 적 없으셨다고 한다. 딸아들 차별 심했던 그 시절에 4남매 막내딸 수분 고모는 그 흔했던 "가시나" 소리 한 번 듣지 않았고 등짝 한 번 맞은 적 없이 자랐다.

당시 시골에서는 밥먹고 살만해도 딸자식은 학교에 보내지 않는 집이 많았다. 집성촌인 그 마을에서도 수분 고모의 아홉 살 위 경분 고모가 여아로서는 처음으로 국민학교를 다녔을 정도였다. 수분 고모는 국민학교 졸업후 집안이 대구로 이사오면서 운좋게 고교까지 다닐 수 있었다.

나는 수분 고모의 첫 조카딸이다. 어릴 적 고모는 동생 있는 친구들이 하도 부러워 베개를 업고 다니곤 했다. 친척집에 사촌 동생이 태어나자 아기를 업어주고파 풀방구리에 쥐 드나들듯 들락거렸다. 그러다 내가 태어났다. 추석 나흘 후였다. 마을 어른들이 뒷산 큰 나무에 매어준 그네를 신나게 타고 놀다 집에 오니 갓난쟁이가 앙앙거리더라고 했다. 그때부터 수분 고모의 등엔 베개 대신 내가 업혀 다녔다. 마을 친척들이 고모 등에 업힌 나를 보고 "어이구, 못내미!"라고 놀려대면 그렇게나 속상했다고 한다.

그래서인가, 꼬마 때부터 난 수분 고모 껌딱지였던 것 같다. 고모 여고생 시절의 어느 날, 친구들과 길을 가는데 뒤에서 뭔가 쌕쌕거리는 소리가 나더란다. 이상해서 돌아보니 서너살 밖에 안된 내가 얼굴에 땀을 빨빨 흘리며 따라오고 있더라나. 고모는 몇번이나 말하곤 했다. “시장통이었는데 그때 내가 안 돌아봤더라면 넌 미아가 됐을지도 몰라.” 정말이지 그때 만약 운명의 신이 장난을 쳤더라면 난 지금 이 글을 쓸 수 조차 없을 터이다.

인생은 때로 생각지도 못한 곳으로 우리를 인도한다. 수분 고모가 시를 쓰리라고는 본인도 나도 상상조차 해본 적 없다. 하지만 돌이켜보니 그 바탕은 오래전부터 서서히 축적돼 왔던 것 같다. 어릴 적 희미한 기억 속에서 수분 고모의 모습은 책과 오버랩될 때가 많다. 여고생 때도, 처녀시절 때도 고모 주변엔 늘 책이 있었다. 너나 없이 가난했던 시절이라 고모가 읽는 책들은 주로 빌려오거나 헌책방에서 산 것들이었다. 껌딱지답게 나도 국민학생 때부터 동화는 물론 토마스 하디의 『테스』나 괴테의 『젊은 베르테르의 슬픔』 같은 고모의 책들을 뜻도 모르면서 따라 읽었다. 물론 나의 ‘최애 독서’는 만화였다. 등교도 안하고 아침부터 만화방에 틀어박혀 있다 엄마에게 잡혀왔을 정도였으니….

수분 고모의 책사랑은 결혼 이후에도 바뀌지 않았다. 예쁜 그릇을 사기보다 책 사기를 좋아했다. "하루라도 책을 안 읽으면 허전하고 뭔가 큰일 날 것 같은 기분이었지." 책 읽는 아내를 위해 고모부는 목공소에서 큼직한 책장을 맞춰주었다. 나이들어 작은 아파트로 이사오면서 책들을 아파트 지하에 보관해 두었다. 한번은 거풍을 위해 아파트 뒤란에 책들을 펼쳐놓았는데 어찌된 판인지 깡그리 사라져버렸다고.

한때 고모는 대하소설에 빠져들었다. 스무 권이 넘는 박경리의 『토지』를 비롯 최명희의 『혼불』, 김주영의 『객주』, 조정래의 『태백산맥』, 『아리랑』, 『한강』, 최인호의 『길 없는 길』 등 긴 호흡의 소설들을 읽었다. 노안 탓에 너댓 페이지 읽다 쉬고를 반복하는 거북이 독서를 하면서도 끝까지 읽었다. 작가의 숨결까지 느끼고 싶어 통영의 '박경리 기념관'이며 전라도 벌교의 조정래 '태백산맥 문학관', 전주와 남원에 있는 '최명희 문학관' 등을 찾아가기도 했다. 요즘은 예전에 읽었던 토마스 머튼의 『칠층산』, 우징숑의 『동서의 피안』 등 신앙 서적도 다시 읽고 있다.

수분 고모가 인생계획에 없던 시를 쓰게 된 데는 말 그대로 '우연'이 계기가 됐다. 유난히 꽃을 사랑하는 고모는 꽃꽂이 사범 자격증이 있어 꽃꽂이 선생도 했고,

꽃집을 열기도 했다. 나이들어 꽃집을 정리한 고모에게 내가 도서관의 독서강좌 수강을 추천했다. 그런데 고모는 시강좌를 듣고 싶어했다. 난생 처음 시강좌를 듣고 시에 매료된 고모는 매주 가창에서 범물동 용학도서관까지 버스를 타고 오갔다. 꼬박꼬박 출석하면서 시 짓기 숙제도 거르지 않은 성실한 수강생이었다. 그러다 제1회와 제3회 '매일시니어문학상'에서 특선의 열매를 거두었다. 내처 2016년에는 '《대구문학》 신인상'으로 등단했다. 심사를 맡은 서지월 시인은 "개인적 경험이나 사회상의 단면을 드러내는 것을 내포하고 있으면서 잊혀져 가는 우리 것에 대한 애정의 끈을 놓치지 않고 있다"고 평했다. 이후 '시의 숲' 동인으로 활동하고 있다.

시 공부를 한지 여섯 해쯤 됐을 때 그간 써모은 시들을 엮어 첫 시집 『볼 수 없는 풍경』(만인사, 2018)을 선보였다. 칠십대 후반에 늦둥이를 낳은 듯 겸연쩍어하면서도 "마음이 홀가분하다"고 했다. 첫시집 발간 5년만인 이번 여름엔 증보판으로 만인시인선 71 『황금 꽃술』을 펴냈다.

수분 고모의 시에 스며있는 나름의 빛깔은 무엇일까. 일반 독자의 입장에서 맨먼저 와닿는 느낌은 토속적 정서와 서민적 체취이다. 「아리삼삼 봄날」 「찔레꽃 다 졌다」「고봉밥」 등 제목부터가 우리네 DNA 속 원형질 같은 친근감을 준다. 문득 고모 어릴 적 밀수제비 쌀죽의 추억담이 떠오른다. 하루는 들에서 일하는 아버지(나의 조부)에게 새참 심부름을 하게 됐다. 경분 고모가 쌀 한 옹큼 넣어 끓이다 된장 살짝 풀어 간한 뒤 밀수제비 똑똑 떠넣고 새파란 정구지로 빛깔낸 죽을 주전자에 담고 주둥이에 숟가락 두 개 푹 꽂아 건네준 새참. 마을에서 한참 떨어진 밭까지 논두렁·밭두렁을 지나 갖다드리자 아버지는 막내딸 먹으라고 몇 숟가락 남겨주셨다. 밭둑에 앉아 먹었던 그 죽이 어찌나 맛있던지 지금도 잊을 수 없다고 고모는 되풀이 말하곤 한다. 그 이야기를 들을 때면 왠지 내 눈앞엔 한 폭의 풍경화가 그려진다. 봄이 무르익는 들판길을 단발머리 나풀거리며 가는 여자아이! 어쩌면 흰 감자꽃이 한창이거나 보리와 밀이 누릇누릇 익어갈 때쯤인지도 모르겠다. 찰랑거리는 봇도랑물과 초록 모들이 살랑거리는 논배미, 하늘엔 뭉실뭉실 구름이 떠가고 미풍에 실려오는 뻐꾸기 소리, 밤꽃 내음…. 먼 훗날 늘그막에 시를 쓰게된 고모의 흙내음 물씬한 시들은 어쩌면 어린 날 고향마을 들판의 기억에서 시작된건 아닐는지.

수분 고모 작품의 또다른 특징 중 하나는 직접 보고 듣고 경험한 것들을 시로 녹여낸다는 점이다. 오감(五

感)을 통해 채곡채곡 기억의 갈피에 갈무리한 것들이 층층이 시간이 쌓여 저마다의 내음을 풍기며 발효된 것들이라 할까. "직접 체험하지 않은 허구를 쓴 적은 한 번도 없다"는 2022년 노벨문학상 수상작가인 프랑스 소설가 아니 에르노의 말이 문득 생각난다.

때문에 고모 시의 대부분은 자전적 스토리를 담고 있다. 「초복」은 고모의 작은오빠이자 나의 숙부의 동심에 관한 추억담이다. 초복을 앞두고 친척어른들이 집의 누렁이를 잡으려는 낌새를 눈치챈 작은오빠가 숟가락·젓가락이 없으면 못잡아먹겠지 하는 생각에 정짓간 수저를 몽땅 뒤란의 머위밭에 숨겨두었다. 하지만 학교에서 돌아오니 이미 누렁이는…. 고인이 된 '월선언니'의 주인공도 내 기억 속에 있는 친척이다. 넉넉한 몸피만큼 사람 좋던 아지매. 할머니 장죽 담뱃불을 대신 붙여주다 인이 박여 혼례 첫날밤 살그머니 신랑 담배에 손을 대자 신랑이 슬쩍 담배를 밀어주더라는 얘기를 시로 되살려낸 것이다. 「판돌이」는 마을 외딴 움막에서 살던 떠돌이 나환자의 애처로운 모습을 기억하며 쓴 시이다. 「비안댁」이나 「태수댁과 진골댁」 「들몰댁」 「우록언니」(경분 고모) 등 실존 인물을 소재로 한 작품들이 적지 않다. 단편소설 하나씩은 쓸만한 스토리텔링 시들이다.

수분 고모의 시에는 고차원적 상징이나 은유 같은 표현은 없다. 이리 꼬고 저리 꼬아 무슨 말인지 모를 내용이 없다. 누구에게나 금방 이해되는 쉬운 시들이다. 슬며시 미소짓게 만드는 유머와 위트가 곳곳에 배어있어 읽는 재미도 있다. 그런 한편 황혼기 삶의 페이소스가 아릿한 여운을 남겨주기도 한다. 스산스러운 가을날 칠포리 횟집에 후닥닥 갔다오는 길에 노랗게 물든 은행잎과 구절초를 보며 "앞으로 열 번 보게 될까 아니면 열네 번"이라고 혼잣말하듯 웅얼거리는 「새빠지게 왔던 길」, 치아가 부실한 남편에게 뭐든 가위로 잘게 썰어주는 늘그막 부부의 연민을 묘사한 「착착착」 등 웃음 뒤의 눈물 한 방울 같은 시들이 그러하다.

껌딱지마따나 나는 오랜 세월 수분 고모 곁에서 함께 해왔다. 친구같고 언니같고 때로는 엄마같은 고모에게서 문득 시간이 그어놓은 흔적들을 볼 때면 마음이 아프다, 하지만 유독 시간이 고모를 비껴가는 듯한 것이 하나 있다. 늙을 줄 모르는 '방부제 감성'이랄까. 여전히 젊은이처럼 잘 웃고, 사소한 것에도 감탄사를 터뜨리고, 눈물도 잘 흘린다. 나는 두 가지를 그 이유로 본다. 하나는 평생 손에서 놓지 않는 '책', 또하나는 '꽃'이 주는 선물일 것이라고.

수분 고모집에는 한평 될까말까한 베란다가 있다. 참새가 방앗간을 못지나치듯 꽃을 보면 눈빛부터 달라지는 고모는 사거나 얻거나 때로는 주워온 화초들로 손바

닥만한 베란다를 화분세상으로 만들어 놓았다. 풍로초, 한련, 채송화, 분꽃, 나팔꽃, 봉숭아…. 하나같이 수수한 얼굴들이다. 시들시들 죽어가다가도 고모 손이 몇 번 가면 신기하게도 살아난다. 겨울에도 한련이 피는 이상한 꽃밭이다. 이 소박한 베란다 꽃밭이 고모의 감성을 촉촉히 지켜주는 '효녀꽃밭' 아닐까싶다.

이 글을 쓰는 동안에도 고모로부터 카톡이 들어왔다. "올해 첫 분꽃이 피었다"며 노랑과 분홍이 섞인 꽃사진을 보여준다. "꽃망울이 볼록하길래 꽃 피는 순간을 보려고 옆에 있다 잠시 부엌에 갔다왔더니 그단새 피워버렸네~." 고모는 "아침엔 나팔꽃 보고, 저녁답엔 분꽃을 보는 것만으로도 너무 행복하다"며 실눈이 된다. 평생지기 책이 있고 효녀꽃밭이 있는한 수분 고모의 시심(詩心)은 마르지 않을 것 같다.

만인시인선 71

황금 꽃술

초판 인쇄 2023년 7월 15일
초판 발행 2023년 7월 20일

지은이 / 전 수 분
펴낸이 / 박 진 환

펴낸 곳 / 만인사
출판등록 / 1996년 4월 20일 제03-01-306호
주소 / 41960 대구광역시 중구 명륜로 116
전화 / (053)422-0550
팩스 / (053)426-9543
전자우편 / maninsa@hanmail.net
홈페이지 / www.maninsa.co.kr

ISBN 978-89-6349-179-0 03810

값 12,000원

만/인/시/인/선

1. **이하석** 시집 | 高靈을 그리다
2. **박주일** 시집 | 물빛, 그 영원
3. **이동순** 시집 | 기차는 달린다
4. **박진형** 시집 | 풀밭의 담론
5. **이정환** 시집 | 원에 관하여
6. **김선굉** 시집 | 철학하는 엘리베이터
7. **박기섭** 시집 | 하늘에 밑줄이나 긋고
8. **오늘의 시 동인** | 「오늘의 시」 자선집
9. **권국명** 시집 | 으능나무 금빛 몸
10. **문무학** 시집 | 풀을 읽다
11. **황명자** 시집 | 귀단지
12. **조두섭** 시집 | 망치로 고요를 펴다
13. **윤희수** 시집 | 풍경의 틈
14. **장하빈** 시집 | 비, 혹은 얼룩말
15. **이종문** 시집 | 봄날도 환한 봄날
16. **박상옥** 시집 | 허전한 인사
17. **박진형** 시집 | 너를 숨쉰다
18. **정유정** 시집 | 보석을 사면 캄캄해진다
19. **송진환** 시집 | 조롱당하다
20. **권국명** 시집 | 초록 교신
21. **김기연** 시집 | 소리에 젖다
22. **송광순** 시집 | 나는 목수다
23. **김세진** 시집 | 점자블록
24. **박상봉** 시집 | 카페 물땡땡
25. **조행자** 시집 | 지금은 3시
26. **박기섭** 시집 | 엮음 愁心歌
27. **제이슨** 시집 | 테이블 전쟁
28. **김현옥** 시집 | 언더그라운드
29. **노태맹** 시집 | 푸른 염소를 부르다
30. **이하석 외** | 오리 시집
31. **이정환** 시집 | 분홍 물갈퀴
32. **김선굉** 시집 | 나는 오리 할아버지
33. **이경임** 시집 | 프리지아 칸타타
34. **권세홍** 시집 | 능소화 붉은 집
35. **이숙경** 시집 | 파두
36. **이익주** 시집 | 달빛 환상
37. **김현옥** 시집 | 니르바나 카페
38. **도광의** 시집 | 하양의 강물
39. **박진형** 시집 | 풀등
40. **박정남 외** | 대구여성시 20인선집